s Le i

Petits Sa

Voirs Les

ts SaVoiR

L'étonnante histoire de la vie

Des premières traces de vie
aux premiers pas de l'homme

Préface de Michel Van-Praët
professeur au Museum national
d'histoire naturelle

Dans la collection « Les petits savoirs »

- On va avoir un bébé
- Petite histoire amusante du progrès
- Petites recettes faciles

Ce livre est une adaptation
de l'Astrapan « Les origines de la vie »
paru dans le journal *Astrapi*.

Texte : Isabelle de Froment
Illustrations : Volker Theinhardt
Maquette : Pascale Desmullier

Conception graphique
de la collection « Les petits savoirs » :
Pierre Hovnanian
Cette collection doit beaucoup
à l'amicale collaboration de Serge Bloch.
Responsable d'édition : Evelyne Montigny.

Direction de la collection : Catherine Peugeot
et Pascal Ruffenach

ISBN : 2 227 70 236 2
Loi 49956 du 16 juillet 1949 sur les publications
destinées à la jeunesse
Dépôt légal : novembre 1994
Impression et reliure :
Pollina s.a., 85400 Luçon - n° 66215

Isabelle de Froment ♦ Volker Theinhardt

L'étonnante histoire de la vie

Des premières traces de vie aux premiers pas de l'homme

BAYARD ÉDITIONS/ A

D'où venons-nous ? Depuis plusieurs siècles, les scientifiques essayent de répondre à la grande question de nos origines.

En 1809, un biologiste français, Jean-Baptiste Lamarck, étudie les ressemblances entre les espèces animales ; il explique leurs similitudes par une lointaine origine commune et par leur «transformation progressive» à partir d'animaux très primitifs vivant dans les eaux.

Au milieu du XIXe siècle, le biologiste anglais Charles Darwin complète la théorie de l'Évolution, en proposant l'idée de la «sélection naturelle», c'est-à-dire de la survie des espèces les plus aptes à se reproduire lorsque, par exemple, le climat change, que des individus peuplent un nouveau milieu ou qu'ils se trouvent en compétition avec d'autres individus pour trouver leur nourriture.

Aujourd'hui, les progrès de la géologie et de la physique nous permettent de dater la formation de la Terre à 4,5 milliards d'années, ainsi que les époques où vécurent les fossiles. Par exemple, on sait que les plus anciens fossiles de plantes et d'animaux ayant vécu hors de l'eau, sur des terres émergées, datent d'il y a 420 millions d'années.

Grâce aux recherches actuelles des biologistes, l'Évolution apparaît comme le résultat de l'incessant remaniement du patrimoine génétique de chaque espèce vivante. Ce patrimoine génétique est modifié de génération en génération par une multitude «d'erreurs de copie» : les mutations. La majorité des mutations persistent pour n'être sélectionnées qu'au fil des générations, en fonction de nouvelles contraintes externes liées, par exemple, aux variations du climat ou à la colonisation d'un nouvel environnement.

Cette variabilité du patrimoine génétique permet d'expliquer tant l'Évolution que l'existence des maladies génétiques ou l'extraordinaire diversité des individus de toute espèce, y compris celle des êtres humains, résultats, comme tous les êtres vivants qui nous entourent, des 4 milliards d'années d'aventure de la Vie.

Michel Van-Praët
Professeur au Museum national d'histoire naturelle

Il y a plus de quatre milliards d'années,
dans l'immensité de l'univers,
une petite planète naît parmi d'autres,
perdue au milieu des étoiles : c'est la Terre.
Elle n'est pas très accueillante,
avec son atmosphère brûlante, ses cratères
et ses déserts carbonisés par le soleil.
Pourtant, peu à peu, très, très lentement,
de minuscules êtres vivants apparaissent
dans l'eau. Certains de leurs descendants
grandissent, quelques-uns réussissent
un beau jour à conquérir la terre ferme.
Cette fantastique histoire vraie
est celle de l'apparition de la vie sur la Terre.

Comment lire ce livre ?

Voici les principaux personnages de cet étonnant spectacle : les Dodur, les Toumou et les Verdure. Les membres de la famille Dodur apparaissent toujours à gauche de l'image : ils ont une colonne vertébrale, ce sont des vertébrés. Les animaux de la famille Toumou, au milieu des images, sont mous, parfois protégés par une coquille ou une carapace : on les appelle les invertébrés. Enfin, toutes les plantes, les arbres, les fleurs composent la famille Verdure : suis son histoire à droite des images. Tu peux ainsi découvrir la vie d'une seule famille à la fois, mais tu peux aussi choisir de lire les trois histoires en même temps.

Le granc

La famille Dodur

À chaque page, à cet endroit de l'image, un Dodur a rendez-vous avec toi.

spectacle de la vie

La famille Toumou

À chaque page, au milieu
de l'image, un Toumou
a rendez-vous avec toi.

La famille Verdure

À chaque page, à droite
de l'image, un Verdure
a rendez-vous avec toi.

La vie ne

Il y a un milliard d'années

La Terre s'est refroidie. Elle est presque recouverte par les océans. De terribles orages et des tempêtes se déchaînent sans arrêt, des volcans explosent dans un fracas épouvantable. Les dangereux rayons du soleil empêchent toute vie sur la terre ferme. Mais la mer est une sorte de laboratoire géant où se font les premiers essais de vie. Une multitude de minuscules boules, qu'on appelle des cellules, barbotent dans l'eau, bien à l'abri. Tout ce qui vit aujourd'hui descend de ces premières «bulles de vie».

Les Dodur

Aucun vertébré n'est encore signalé dans la mer ni sur la terre !

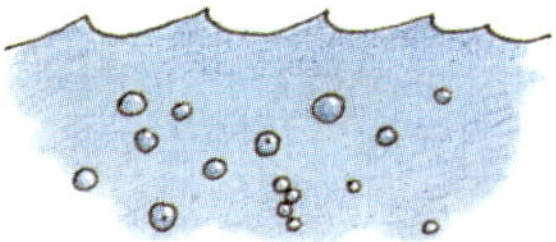

ent qu'à des bulles

Les Toumou

Pas le moindre petit invertébré à l'horizon...

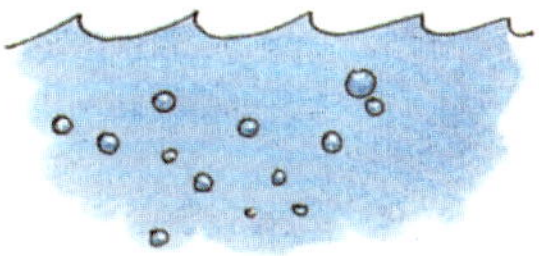

Les Verdure

Les premières plantes apparaissent dans l'eau. Elles sont presque invisibles.

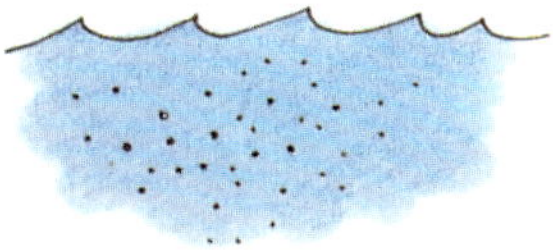

Il y a 620 millions d'années

Le fond de la mer est tapissé de minuscules plantes qui fabriquent de l'oxygène. Certaines «bulles de vie», qui respirent sous l'eau, donnent naissance aux tout premiers animaux mous qui vont peupler les mers. Ils sont flasques et gélatineux. Quand ils nagent, leurs tentacules ondulent comme de longs rubans ou flottent comme de grandes feuilles molles. D'autres animaux mous ressemblent à des jouets en caoutchouc. Ils sont tout petits et vivent au fond de l'eau.

Une me

Les Dodur

Des êtres vivants grouillent dans l'eau salée, mais aucun poisson n'a encore montré le bout de sa nageoire.

sans un seul poisson !

Les méduses

Certaines «bulles de vie» ont donné les premiers animaux tout mous, comme ces méduses.

Les algues

D'autres «bulles de vie» ont donné de petites algues qui se balancent au gré des vagues.

Les premiers

Il y a 500 millions d'années

Une bonne centaine de millions d'années plus tard, de nouveaux venus s'installent dans l'océan. Ces premiers poissons sont mauvais nageurs et presque aveugles ! Leur signe particulier est une sorte de «corde dure» qui soutient leur corps. Ces premiers représentants de notre grande famille des vertébrés sont les lointains ancêtres de nos lointains ancêtres. Ils partagent le fond des mers avec les vers et les trilobites, de curieuses bestioles mangeuses de boue et recouvertes d'une carapace.

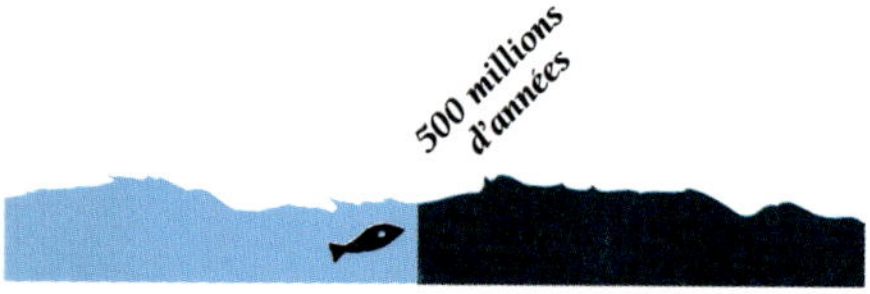

Les poissons sans dents

Les premiers poissons aspirent et filtrent leur nourriture dans la mer.

poissons se donnent rendez-vous

Le ver de mer

Ce petit ver articulé vit
dans la vase. C'est le grand-père
de nombreux animaux tout mous.

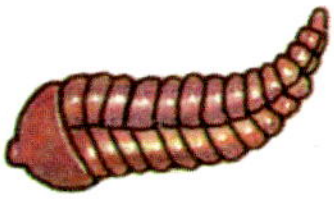

Les laitues de mer

Ces algues vertes vont donner
naissance à toutes les plantes
de la terre.

Sous l'eau,

Il y a 420 millions d'années

Dans les mers, les animaux se sont reproduits en prenant des formes multiples. Certains poissons peuvent attraper leurs proies avec leur mâchoire articulée. Ils peuvent les déchiqueter avec leurs crocs pointus. Des petits animaux mous fabriquent des carapaces, d'autres, des coquilles. Certains de ces animaux mous à coquille ou à carapace grossissent énormément. Pendant ce temps-là, des plantes marines tentent une expérience en s'aventurant hors de l'eau, sur la terre ferme. C'est une grande première !

Le poisson à mâchoires

Ce poisson est devenu un féroce carnassier. Il a des dents pointues et capture d'autres poissons.

n monde de géants

Le scorpion des mers

Certains animaux mous ont incroyablement grossi ! Celui-ci a la taille d'une voiture.

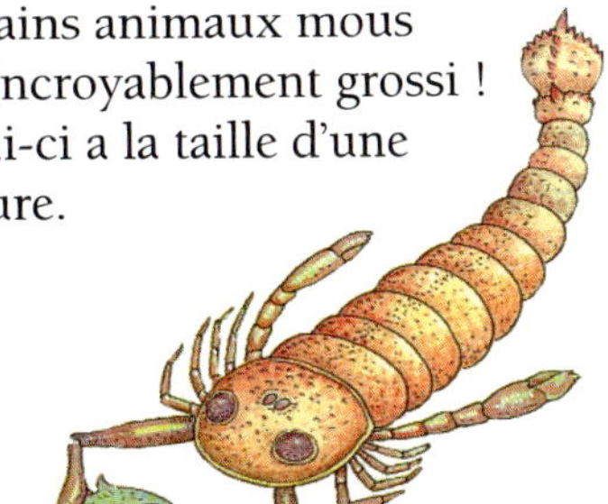

Les algues aventureuses

Celles-ci sortent la tête à l'air libre, mais gardent prudemment les pieds dans l'eau.

La grande

Il y a 390 millions d'années

La Terre a bien changé. L'atmosphère s'est remplie d'oxygène et une couche d'ozone entoure notre planète, la protégeant des mauvais rayons du soleil : la vie est maintenant possible hors de l'eau. Mission réussie pour les plantes. Elles gagnent du terrain, s'accrochent, inventent des racines et tiennent debout sur leur tige. De minuscules animaux mous à carapace les accompagnent hors de l'eau. Des poissons de toutes sortes ont pris possession des océans. Parmi les petits nouveaux, quelques-uns ont des nageoires épaisses.

Le cœlacanthe

Il vit dans la mer et fait partie des poissons à nageoires épaisses.

...aventure des petites plantes

Le nautile

Ce coquillage s'enroule dans une coquille dure qui le protège de ses ennemis.

Les cooksonia

Ces plantes réussissent à vivre sur terre. Leurs «tuyaux» se transforment en tiges.

Il y a 360 millions d'années

Les poissons

À la suite des plantes,
de minuscules animaux,
comme des vers ou des puces,
ont colonisé la terre ferme.
L'aventure est aussi tentée par
les poissons, mais c'est une
autre histoire !
Beaucoup rampent hors des
mers ou des mares,
à la recherche de nourriture.
Ils doivent pourtant vite y
retourner, car leur poids les
empêche d'avancer et, en plus,
ils ne peuvent pas respirer.
Quelques-uns ont la chance
d'avoir des poumons, ainsi que
des nageoires épaisses qui leur
servent d'appui pour ramper.
Pour ces poissons-là, c'est
gagné ! La grande aventure sur
terre peut commencer.

L'eusthenopteron

Ho, hisse ! Ce poisson à nageoires épaisses grimpe sur la rive et peut respirer à l'air libre.

ussi changent de vie !

La puce de sable

Elle vit sur terre. Son grand-père est un petit ver de mer qui s'est enveloppé d'une carapace.

Les petites fougères

Elles se cramponnent, puis s'enracinent profondément dans le sol.

Il y a 300 millions d'années

Quelques-uns des petits poissons sont devenus des animaux lourdauds, plus grands que toi. Ils se traînent péniblement sur leurs pattes marcheuses toutes nouvelles ou pataugent dans la vase. La vie de ces amphibiens n'est pas simple. Ils ont gardé l'habitude de pondre dans l'eau comme leurs ancêtres. Ils se promènent de plus en plus souvent sur la terre ferme, trottinant d'une mare à un ruisseau. Dans les airs, les premiers vrais insectes volent. Certains sont gigantesques ! Sur la terre, de nombreuses plantes ont, elles aussi, la folie des grandeurs !

L'invasion

L'ichtyostega

Les anciennes nageoires de cet amphibien se sont transformées en pattes.

es poissons marcheurs

La libellule géante

Celle-ci a environ la taille d'un aigle. C'est le plus grand insecte connu.

Les immenses fougères

De véritables forêts de fougères géantes poussent un peu partout.

Il y a 250 millions d'années

Les reptile

Mer ou terre, il faut choisir ! De gros lézards inventent l'œuf à coquille dure. C'est une révolution ! Leurs œufs ne se dessèchent plus à l'air libre. Du coup, ces reptiles peuvent pondre presque n'importe où. Ils ne sont plus obligés de rester près de leur mare. Quelle liberté ! Ils peuvent explorer de nouveaux horizons. Plus tard, ces reptiles donneront naissance aux crocodiles, aux dinosaures, aux oiseaux et aux mammifères. De nouvelles plantes, ancêtres des pins et des sapins, inventent la graine qui protège les futures pousses.

Le dimétrodon

Des reptiles, comme cet énorme lézard avec sa voile sur le dos, peuplent la terre.

l'assaut de la terre

L'araignée

Celle-ci tue les insectes avec son venin. Elle vit en compagnie des punaises, des cigales, des coléoptères.

Les ancêtres des arbres

Ces plantes arborescentes, avec un vrai tronc en bois, sont les ancêtres des pins et des sapins.

Les dinosaures

Il y a 180 millions d'années

Les «lézards terribles», ou dinosaures, se sont formidablement adaptés à la vie sur terre et dominent les autres animaux. Il en existe une ménagerie complète : des minuscules et des géants, des féroces et des gentils, des rigolos, des cornus, des cuirassés, des mangeurs de plantes ou de viande. À l'époque des dinosaures, de petits animaux discrets apparaissent. Ce sont des mammifères. Ils ne pondent pas d'œufs, leurs petits se développent dans leur ventre, puis ils les allaitent. Du jamais vu sur terre !

Les mammifères

Cette drôle de souris allaite ses petits. C'est un des premiers mammifères.

’installent

Le scarabée

Les animaux mous à carapace ressemblent de plus en plus à ceux d’aujourd’hui.

Les champignons à chapeau

Ils régalent d’énormes dinosaures qui en avalent des quantités.

Quels drôles

Il y a 140 millions d'années

Les lézards et les dinosaures ont envahi le monde. Des forêts s'étendent, de nouveaux arbres apparaissent et les insectes qui se nourrissent d'écorces et de bois se multiplient. Des petits dinosaures agiles, couverts de plumes, courent sur le sol ou vivent dans les arbres. Leur plumage tout neuf leur sert de parachute quand ils sautent de branche en branche.
Ils donnent naissance aux premiers oiseaux. Ceux-ci volent mal, ils ont encore les griffes et les dents de leurs ancêtres dinosaures.

L'archéoptéryx

Cet oiseau est l'un des premiers à apparaître. Il ressemble encore beaucoup à un petit dinosaure.

l'oiseaux !

Les sauterelles

De nouveaux insectes rampants, volants ou sauteurs se forment, de plus en plus nombreux.

Les faux palmiers

Ces plantes ressemblent à des palmiers, mais ce sont des fougères géantes.

La planète

Il y a 80 millions d'années

La planète Terre ressemble à une immense forêt vierge, habitée par des milliers d'espèces d'animaux. Les continents se sont séparés les uns des autres. Sur chacun d'eux vont évoluer des plantes et des animaux différents. Les dinosaures sont toujours les rois de la terre. Le tyrannosaure est l'un des plus redoutables, son «sourire» découvre de terribles crocs-poignards. Certains arbres donnent les premières fleurs. Les paysages commencent à ressembler un peu à ceux d'aujourd'hui.

Le tyrannosaure

Ce terrible animal est l'un des derniers dinosaures. Il s'attaque aux gros mangeurs d'herbe.

Terre en fleurs

Les abeilles

Ces nouveaux insectes butinent les premières fleurs et piquent leurs ennemis pour se défendre.

La fleur du magnolia

C'est une des premières fleurs apparues sur terre. Elle existe encore aujourd'hui.

Il y a 60 millions d'années

Catastrophe naturelle, météorite, changement de climat ? Personne ne sait vraiment pourquoi les dinosaures ont disparu tout d'un coup, comme bien d'autres espèces d'animaux. Les mammifères profitent de l'aubaine pour occuper les espaces devenus libres. Ils se diversifient, grandissent et se multiplient. Il y a les petits rongeurs, les mangeurs d'herbe à sabots, les féroces carnassiers, dévoreurs de viande. Tous ces mammifères deviennent peu à peu les plus puissants sur terre.

Bonjour

L'ancêtre de l'écureuil

Ce petit mammifère rongeur risque bien de se faire croquer par d'autres mammifères carnassiers.

es mammifères !

Le crabe

Il vit dans l'eau ou sur la terre. Son corps mou est protégé par sa carapace.

Les arbres modernes

Les ancêtres des chênes, mais aussi ceux des sapins, des marronniers et des cerisiers, poussent partout.

Pendant

Il y a 50 millions d'années

Tous les poissons ne sont pas sortis de l'eau ! L'océan est un vrai aquarium...
De nombreux poissons et animaux mous ont disparu, mais beaucoup d'autres sont nés. Quelques-uns, après un long séjour sur la terre ferme, sont même retournés vivre dans la mer. C'est le cas de certaines tortues qui continuent à venir pondre sur la plage. Des crustacés et des coquillages ressemblent aux fruits de mer que tu connais. Les algues ont moins changé. Elles restent toujours les reines de la mer.

Les tortues

Certaines habitent sur terre ; d'autres vivent dans la mer, mais elles viennent pondre sur la plage.

e temps-là, dans l’océan...

Les crustacés

Des homards, des langoustes, des langoustines et des crevettes pullulent dans les océans.

Les algues

Il existe des milliers d’algues différentes, de toutes tailles et de formes diverses.

Une multitude

Il y a 40 millions d'années

Des saisons apparaissent dans certaines régions du monde. Les hivers deviennent froids, les étés plus chauds. Le Sahara est une forêt touffue. La nature est pleine de couleurs. Les arbres à fleurs et à fruits sont avantagés par rapport aux autres plantes grâce à leurs graines protégées du froid et de la sécheresse. Des nuées d'insectes multicolores butinent ou rongent les fleurs et les fruits ; les insectes rampants vivent d'écorces et de bois. Tous se multiplient. Ces petits invertébrés sont déjà plus nombreux que tous les autres animaux.

Les oiseaux coureurs

Ils courent au lieu de voler. Ce sont les ancêtres des autruches.

l'insectes fourmillent sur terre

Les papillons

Des milliers d'espèces différentes d'insectes courent ou volettent partout, comme ces papillons.

Les pommiers

Les arbres fruitiers, pommiers, pêchers ou pruniers, sont de plus en plus nombreux.

Un monde

Il y a 30 millions d'années

Le monde ressemble à celui d'aujourd'hui. Le climat change encore : il fait moins chaud et moins humide.
Des forêts vierges disparaissent et l'herbe pousse un peu partout. Quelle aubaine pour les mangeurs d'herbe !
Les chevaux, les chameaux, les rhinocéros, les mastodontes se répandent partout, pourchassés par les mammifères carnassiers, comme les terribles tigres à dents de sabre.
Chaque continent a ses propres animaux. En Afrique, les ancêtres directs des premiers singes apparaissent.

Le dinictis

C'est un cousin du chien et du chat. Il tue sa proie à coup de griffes ou de dents.

proche du nôtre

Le ver-cheveu

Il vit sur une girafe ou un rhinocéros et retourne pondre dans l'eau, comme autrefois.

Les pâquerettes

Il y a moins de forêts. D'immenses prairies remplies de fleurs des champs les remplacent.

Il y a 10 millions d'années

La sécheresse a transformé le paysage. De nombreux animaux changent de vie ou disparaissent. Des troupeaux entiers migrent à la recherche de climats meilleurs. Dans les prairies africaines parsemées d'arbres, tout un zoo de petits et de gros mammifères broutent, courent ou chassent. Les habitants de cette région du monde sont les girafes, les gazelles, les antilopes, mais aussi des animaux poilus sans queue, avec de grands bras : les grands singes africains. Ils sont les ancêtres des chimpanzés, des gorilles et des hommes.

De grands

Les grands singes

Ils transportent la nourriture avec leurs pattes avant, mais marchent sur quatre pattes.

inges habitent l'Afrique

Les escargots

Ils existent depuis longtemps. Ce sont des cousins des coquillages marins.

Les bananiers

Ces plantes géantes poussent à côté d'arbres exotiques dans la forêt africaine.

Enfin

Il y a 4 millions d'années

Les premiers hommes qui apparaissent sont des Australopithèques. Ils vivent dans les savanes de l'Est de l'Afrique. On dirait plutôt des singes, avec leur démarche lourde et leur corps tout poilu. Mais ces premiers hommes marchent debout, ce qui a sans doute permis à leur cerveau de se développer. Un des plus anciens Australopithèques retrouvés dans les fouilles est une jeune fille que l'on a appelée Lucy. Elle vivait avec son clan en Afrique, il y a à peu près 2,8 millions d'années, au milieu des lions, des gazelles et des singes.

Les Australopithèques

Ils vivent dans des paysages qui ressemblent aux nôtres.

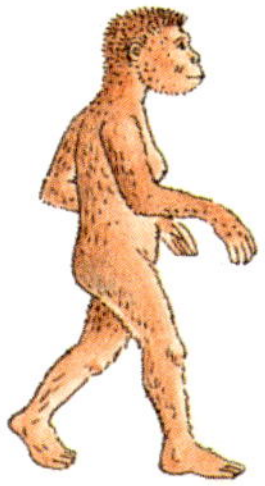

es premiers hommes sont là !

La coccinelle

La plupart des insectes d'aujourd'hui, comme cette coccinelle, existent déjà.

Les cerisiers

La plupart des arbres fruitiers, des fleurs ou des fruits que nous connaissons sont là.

Un comba

Il y a 1 million d'années

D'énormes couches de glace se sont formées au pôle Nord et au pôle Sud. Il fait froid. Un «sauve-qui-peut» général se produit chez les animaux. Des milliers d'espèces disparaissent ou s'enfuient vers les régions plus chaudes. Pour survivre, il faut avoir la chance de porter un manteau de fourrure naturel, comme les mammouths, les rhinocéros laineux, les ours ou les lions des cavernes. L'Homo erectus, lui, fait travailler ses méninges. Il perfectionne la fabrication d'outils et apprend à domestiquer le feu. Son ingéniosité l'aide à lutter contre le froid.

Le mammouth laineux

Il supporte le froid plus facilement grâce à son épaisse fourrure.

contre le froid

Les poux

Ils se multiplient en se cachant dans le poil des gros animaux.

Les bouleaux

Ils sont très répandus dans les forêts qui recouvrent une grande partie de la Terre.

L’homme

Aujourd’hui

Le climat s’est réchauffé
et certains gros animaux à
fourrure ont disparu.
Notre grand-père à tous est
un Homo sapiens du nom
d’homme de Cro-Magnon.
Il vivait il y a environ 35 000 ans.
Grâce à leur intelligence,
les Homo sapiens vont dominer
les animaux et la nature,
utiliser leurs ressources,
inventer la technique, l’art,
l’industrie, la science.
Les animaux à corps mou
vont avoir, eux aussi,
un développement fulgurant :
il en existe des millions
d’espèces.
Aujourd’hui, les plantes sont
partout, elles font partie
de notre vie de tous les jours.

La victoire d’un Dodur

L’homme est certainement
le seul Dodur qui puisse
lire ce livre...

à la conquête de la Terre

La victoire des Toumou

Aujourd'hui, sur dix êtres vivants, plus de neuf sont des Toumou. Incroyable, non ?

La victoire des Verdure

Les Verdure donnent des fruits ou des légumes que l'on retrouve chaque jour dans notre assiette !

Quel exploit pour des plantes,
des petits animaux mous ou des poissons,
habitués à vivre dans l'eau,
que de s'aventurer sur la terre ferme !
Comment les Dodur, les Toumou,
et les Verdure ont-ils pu réussir ce tour de force,
il y a plus de 360 millions d'années ?
Cela n'a pas été simple !
Ils ont dû trouver des astuces
pour survivre et s'adapter :
les Dodur et les Toumou
ont inventé les pattes, les poumons,
le squelette et l'œuf à coquille.
Les plantes, elles, ont inventé la tige et la graine.
Voici les six petites histoires
des inventions de la sortie de l'eau...

Il y a plus
de trois cent
soixante millions
d'années,
les êtres vivants
sortent de l'eau...

L'invention de la respiration

Il y a des millions d'années, l'air devient respirable : il contient plus d'oxygène.

Il y a moins d'eau sur la Terre. Beaucoup d'animaux sortent de leurs mares. Des poissons mieux

«équipés» que les autres possèdent de minuscules poumons et s'en servent de «cheminée d'aération».

L'invention des pattes

Au moment où des poissons pointent leur nez dehors, ils rencontrent un nouvel obstacle.

Dans l'eau, ils se déplacent avec leurs nageoires, mais sur terre, comment faire ?

Quelques-uns essayent de se hisser en rampant sur le sol. Ce sont les poissons à nageoires épaisses.

Au début,
ces poissons se promènent à l'air libre, mais ils retournent souvent à l'eau. Petit à petit,

leurs poumons grossissent. Un beau jour, ils respirent à pleins poumons, ils n'ont plus besoin d'eau.

Tous les poissons à poumons n'ont pas disparu. Certains vivent encore aujourd'hui dans des mares.

Au bout de milliers d'années, les nageoires de ces poissons se sont transformées en pattes.

C'est gagné !
Les poissons, devenus de gros lézards, marchent à quatre pattes.

Mais l'eau est si confortable que, plus tard, certains de ces gros lézards retournent y vivre.

L'invention du squelette

D'un coup de nageoires, les poissons se déplacent dans l'eau.

Mais une fois sur terre, c'est un autre problème. L'air pèse sur eux, ils se sentent lourds, lourds...

Pour que ces gros lourdauds résistent au poids de l'air, il leur faut des os solides.

L'invention de l'œuf à coquille

Les poissons sont devenus de gros lézards. Ils doivent retourner à l'eau pour pondre, sinon leurs futurs bébés sont desséchés par le soleil. Ce n'est pas très pratique. Ils cherchent une idée pour pondre sur la terre. Un beau jour, ils inventent l'œuf à coquille, une vraie trouvaille !

Et pour se déplacer
sur terre, il leur faut
obligatoirement
un squelette articulé.
Leur colonne vertébrale

et les os de leurs pattes
s'articulent :
ils deviennent agiles.
Les poissons,
transformés en lézards,

ont réussi à combattre
la pesanteur.
Ils ont un squelette
qui grandit avec eux.

À l'intérieur de
la coquille, le futur
bébé baigne dans
une petite réserve
de liquide.

Cette coquille bien
dure protège aussi
le bébé des chocs.

L'œuf à coquille est
encore à la mode
aujourd'hui...

L'invention des racines

Pour les plantes qui vivent dans l'eau, vivre sur terre est aussi compliqué que pour les poissons !

Privée d'eau, la plante meurt. Elle doit fabriquer d'urgence un système de pompage de l'eau.

La plante fabrique d'abord des petits crampons pour s'accrocher au sol.

L'invention de la graine

La graine est pour la plante ce que l'œuf est pour la poule : elle lui permet de se reproduire.

Les plantes qui vivent sur la terre inventent un système astucieux pour que leurs bébés ne se dessèchent pas.

Peu à peu, une épaisse carapace entoure les futurs «bébés» et la graine se forme.

L'eau monte dans
la tige qui se raidit.
Les crampons devien-
nent des racines.

La tige de certaines
plantes se durcit
et se transforme en
tronc de bois épais.

Aujourd'hui, il existe
encore des plantes
sans racines et sans
tige, comme la mousse.

Pendant les moments
de sécheresse,
les graines, bien
protégées, attendent
que la pluie arrive.

La pluie trempe le sol,
les graines mouillées
germent et donnent
une nouvelle plante.
On a retrouvé

des graines qui ont
attendu la pluie
cent ans, enfouies
dans la terre,
avant de germer !

tS SaVoiR

VoiRS LeS

PetitS Sa

s LeS Pet